Japan-Knigge: Achtung, Fettnäpfchen

von

Miriam Schneider

Inhalt

Vorwort

Japan gehört zu den Ländern, die eine gewisse Faszination auf die westliche Bevölkerung ausüben. Dieses Land ist in jedem Fall eine Reise wert. Hier kann man neues kennenlernen, eine Kultur erleben die sich gänzlich von der eigenen unterscheidet und Land sowie Leute erleben.

Doch Japan zählt auch zu jenen Ländern, bei denen eine gewisse Vorsicht geboten ist. Das liegt nicht daran, dass eine Reise hierher etwa mit besonderen Gefahren verbunden wäre. Der Grund ist, dass gerade in Japan eine Vielzahl von Regeln und Gepflogenheiten die Gesellschaft prägen, die von jedermann innerhalb des Landes beachtet werden.

Kommt man nun als westlicher Besucher nach Japan, so kann es durchaus dazu kommen, dass man in so manches Fettnäpfchen tritt, weil einem die internen Strukturen der japanischen Gesellschaft nicht bekannt sind.

Jedoch muss es nicht dazu kommen, wenn man sich im Vorfeld ein wenig informiert und somit auf die Reise nach Japan vorbereitet. Manches mag einem etwas kurios erscheinen, weil es sich von unserem Verhalten und unseren Regeln unterscheidet, doch es hat etwas mit Respekt zu tun, dass man sich damit befasst um den Japanern auf die richtige Art und Weise begegnen zu können.

Zudem muss man stets bedenken- der erste Eindruck zählt, auch wenn man sich als Gast in einem fremden Land aufhält.

Der vorliegende Ratgeber „Japan Knigge“ soll dazu dienen, ihnen ihre Reise etwas zu erleichtern und Sie mit den Gepflogenheiten innerhalb des Landes vertraut zu machen, damit Sie bestens auf die Reise vorbereitet sein können.

Dabei ist der Knigge-Ratgeber kein verstaubtes Buch mit alten Regeln. Ein Knigge-Ratgeber ist eine Anleitung für Menschen die den Umgang mit anderen Menschen auf die richtige Art und Weise gestalten wollen. Dies betrifft sowohl die Aspekte des Privatlebens, das Auftreten in der Öffentlichkeit, Tischregeln als auch die Strukturen welche in der Geschäftswelt zu beachten sind.

Hier stehen die richtigen Umgangsformen im Vordergrund die signalisieren, dass man dem Reiseland und seinen Bewohnern mit dem gewünschten Respekt begegnen wird.

Wer das eine oder andere wirklich beachtet, wird positiv bewertet werden und zugleich Sympathien gewinnen, sowie einen guten Eindruck von den Menschen und der Kultur Japans gewinnen können.

So wird die Japan Reise nicht zu einem Hindernislauf, durch die vielen Fettnäpfchen sondern zu einem vollen Erfolg und einem schönen Erlebnis an das man sich noch lange gerne zurückerinnern kann.

Titel und Anrede

Die japanische Sprache kann manchmal ziemlich komplex sein. Vor allem wenn es darum geht gesellschaftliche Strukturen zu berücksichtigen und zu verdeutlichen. Die Japaner bedienen sich ihrer Sprache um klar zu machen, welcher der beiden Gesprächspartner als höherwertig oder als geringwertiger einzustufen ist.

Man bezeichnet dieses Mittel der Kommunikation auch als Höflichkeitssprache. Dabei wird die gesellschaftliche Stellung der beiden Personen, welche miteinander sprechen deutlich herausgestellt und für auch Nichtbeteiligte die zuhören sollten, klar erkennbar gemacht.

Dabei bedient sich die japanische Sprache verschiedener Formen zwischen denen man unterscheiden kann.

Die Sonkeigo

Das Wort Sonkeigo steht bei der Sprache in Japan für die Respektsform. Dabei bringt man selbst zum Ausdruck, dass jemand anderes als höherwertig gestellt betrachtet wird. Man spricht sie auch als höherrangig an. Wagt man den direkten Vergleich mit der deutschen Sprache so würde das Sprachmuster in etwa lauten:

- „wenn Sie als Chef dass als wichtig erachten“

- „nur Sie als mein Vorgesetzter sind in der Lage das zu entscheiden“

entsprechen.

Man drückt also in diesem Sprachmuster ganz direkt aus, das man selbst der Untergebene ist, welcher sich einer Entscheidung unterwirft.

Die Kenjōgo

Diese Art der Sprache ist die sogenannte Bescheidenheitsform. Hierbei wird verdeutlicht, dass man selbst derjenige ist, der sich unterwirft und nicht derjenige der eine Entscheidung zu treffen in der Lage ist. Dem allgemeinen Sprachgebrauch würde das im Deutschen entsprechen wenn man sagen würde:

- „ich als Untergebener kann diese Entscheidung nicht fällen“
- „ich als ihr Mitarbeiter möchte ihre Einschätzung hören“

Man nennt also sich selbst als erste Person im Satz, doch man zeigt direkt auf, dass man selbst die untergebene Person ist.

Allgemeine Ansprachen

In Japan werden Männer wie Frauen immer geschlechtsneutral angesprochen. Hierbei wird der Begriff „-san“ an den Familiennamen der Person die man anspricht angehängt. Wenn man eine besondere Nähe oder auch Respekt ausdrücken möchte, wird „–san“ auch an den Vornamen angehängt. Spricht man über eine Person, welche nicht anwesend ist, wird ebenfalls der Zusatz „–san“ verwendet. Hierbei soll die Silbe „–san“ den Respekt ausdrücken, den man für eine andere Person empfindet. Innerhalb der Familie wird diese Silbe nicht benutzt, auch dann nicht wenn man über sich selbst oder seine Familienangehörigen spricht.

Die Begrüßung

Aus den westlichen Ländern kennt man es, dass man jemanden wenn man ihn begrüßt die Hände schüttelt. Dieses Verhalten wird man in Japan nicht vorfinden. Hierbei wird auf eine Verbeugung zur Begrüßung seines Gegenübers zurückgegriffen. Dabei sollte der Rücken bei der Verbeugung durchgestreckt sein. Es ist wichtig, dass der Rangniedrige dem Ranghöheren näher kommen muss und dass dieser auch länger in der Verbeugung verharrt. Einige Japaner werden den Europäern vielleicht doch das Händeschütteln anbieten um den westlichen Sitten ihrer Gäste entgegen zu kommen.

Für die Verbeugung gibt es Grundregeln, welche in Japan Beachtung finden:

- Jüngere verbeugen sich immer vor den Älteren
- Frauen verbeugen sich vor den Männern
- Schüler verbeugen sich vor ihren Lehrern
- Gastgeber verbeugen sich vor den Gästen
- Verkäufer verbeugen sich vor den Käufern (hier sollte man beachten, dass die Käufer selbst sich nicht verbeugen, aber ihren Respekt durch ein Nicken andeuten können)
- Schuldner verbeugen sich vor ihren Gläubigern

Wenn man sich als Nichtjapaner den Gegebenheiten anpassen möchte, dann ist eine mittlere Verbeugung als angemessen zu betrachten.

Die Visitenkarte

Jeder in Japan hat eine eigene Visitenkarte. Diese wird einem bereits beim Kennenlernen überreicht werden. Dabei wird die Karte immer mit beiden Händen übergeben und sollte auch mit beiden Händen entgegen genommen werden. Eine kleine Verbeugung ist ebenfalls angebracht, wenn man eine Visitenkarte empfängt. Denn die kleinen Kärtchen drücken den ganzen Stolz der Person aus, welche sie überreicht. Hat man die Karte erhalten, sollte man sie genau studieren um seinen Respekt zu verdeutlichen.

Danach sollte man sie sorgfältig wegpacken. Dabei muss man darauf achten, dass man sie nicht in den Geldbeutel packt oder gar in die Hintere Tasche der eigenen Hose, denn das wird von den Japanern dann als abwertend empfunden. Ideal ist daher die Anschaffung eines Visitenkarten-Etuis.

Der Wert der Schuhe in Japan

Selbst wenn man sich bisher noch nie in Japan aufgehalten hat, so hat man sicher schon davon gehört, dass man hier zu allerlei Gelegenheiten die Schuhe ausziehen muss. Deshalb sollte man am besten morgens schon darauf achten, dass man saubere Socken ohne Löcher anzieht.

Die Japaner ziehen ihre Schuhe in der eigenen Wohnung aus und laufen dann entweder in Wohnpantoffeln, Hausschuhen oder Socken herum. In vielen japanischen Restaurants ist es ebenfalls eine Pflicht die Straßenschuhe vorher auszuziehen. Manche Restaurants bieten dann aber Pantoffeln an, die man während seines Aufenthaltes tragen kann oder man muss aber in Socken herumlaufen. Diese alte Tradition findet man vor allem noch auf dem Land, wo wenig Tourismus herrscht. Die Restaurants in den großen Metropolen verzichten mittlerweile darauf und man kann als Gast seine Schuhe anlassen.

Für Tempel und Schreine gilt allerdings ausnahmslos: Schuhe aus! Dies kann man oft daran erkennen, dass im Eingangsbereich die Schuhe derjenigen zu sehen sind, die sich schon im Tempel aufhalten.

Gelegentlich kann es vorkommen, dass wenn man in Japan eine Toilette aufsucht, das man dort spezielle Hausschuhe für den Toilettengang vorfindet. Diese zieht man vor dem Toilettenbesuch an und direkt danach wieder aus. Sie dürfen auf keinem Fall weiter im Haus oder Restaurant getragen werden.

Im Restaurant

Wie bereits erwähnt, werden in vielen japanischen Restaurants zuerst einmal die Schuhe ausgezogen, doch es gibt noch einige andere Regeln die es hier zu beachten gibt:

Sucht man in Japan ein Restaurant auf, dann findet man oft kleine niedrige Tische mit Kissen vor. Der Raum selbst wird oftmals nur mit Bambusmatten ausgelegt.

Beim Betreten der Tischkombination sollte man darauf achten, dass man nicht auf die Kissen tritt. Wichtig ist auch, dass man sich nicht mit gekreuzten Beinen vor dem Tischchen hinsetzt. Besser ist der sogenannte „Seiza-Sitz", dazu kniest du dich hin, setzt dich auf deine Fersen und schiebst die Fußsohlen nach hinten.

Die Fußsohlen dürfen dabei nicht auf jemanden zeigen, denn das wird in Japan als unhöflich angesehen.

Bereits vor der Bestellung bekommt man oft kostenloses Wasser oder Tee gereicht. In vielen Restaurants gibt es auch Stationen, an denen man sich selbst das Wasser holen kann. Danach erhält man ein feuchtes Handtuch, Oshibori genannt, damit man seine Hände säubern kann.

Das Anstoßen und Nachschenken

Möchte man ein Getränk zu sich nehmen, dann sollte man zunächst einmal darauf warten bis alle Personen am Tisch etwas zu trinken haben. Danach wird mit dem Wort „Kanpai", was so viel wie Prost bedeutet angestoßen. Man sieht sich beim

Trinken nicht in die Augen und rangniedere Personen halten ihre Gläser etwas tiefer als es bei ranghöheren Personen der Fall ist. Ebenso achtet man in Japan auf seine Tischnachbarn. Es gehört zum guten Ton sich nie selbst einzuschenken, dafür aber seinen direkten Tischnachbarn die Gläser zu befüllen, wenn diese leer sind.

Vor dem Essen werden die Hände vor der Brust gefaltet um sich beim Koch für das Essen zu bedanken. Wenn du „Guten Appetit“ in die Runde sagen möchtest, sagst du „Itadakimasu“. Da in Japan die Gerichte meist nie gleichzeitig kommen, wirst du meistens von deinem Nachbarn hören, dass du bereits mit dem Essen anfangen sollst.

Das Essen und der richtige Umgang mit den Stäbchen

Viele Europäer haben gar keine Probleme damit, wenn sie mit Stäbchen essen sollen, immerhin kennt man dies hierzulande von vielen Restaurants bereits und hat es erlernt.

Dennoch muss in Japan auch der richtige Umgang mit den Stäbchen erkannt werden, wenn man hier nicht in ein mächtiges Fettnäpfchen treten möchte.

Man sollte beim Essen die Stäbchen auf keinen Fall neben dem Essen ablegen. Dieses Verhalten entspricht in Japan den Regeln die man zur Ehrung von Toten auf Totenfeiern abhält. Lege die Stäbchen besser auf den Rand einer Schale. Ebenso wenig darf man die Essstäbchen parallel senkrecht in das Essen stecken. Die japanischen Tischmanieren gehen aber noch weiter. Man soll das Essen sanft von dem Stäbchen in den Mund fallen lassen, ohne das die Stäbchen den Mund direkt berühren. Das Essen sollte ebenfalls nicht von Stäbchen zu Stäbchen gereicht werden. Der richtige Umgang mit dem Stäbchen mag am Anfang vielleicht etwas Übung erfordern, jedoch kann man sich einen guten Respekt bei den Einheimischen verschaffen, wenn man sich an diese kleine Regel hält.

Das Schlürfen der Suppe

In Deutschland und Europa gehört es oft nicht zu den guten Manieren, wenn man das Essen schlürft. So mag es einem selbst bei einem

Restaurantbesuch befremdlich erscheinen, dass dies in Japan zum guten Ton gehört. Gerade die Suppe soll geschlürft werden, was dem Koch zeigen soll wie lecker sein Essen ist. Auch frisch servierte Nudeln kann man gut schlürfen. Rülpsen wird dagegen auch in Japan nicht gerne gesehen.

Kein Trinkgeld geben

In Deutschland gehört es zum guten Ton, dem Kellner ein angemessenes Trinkgeld zu geben, sollte er einen guten Service geleistet haben. In Japan existiert dieser Brauch nicht. Man ist darauf getrimmt immer ein höfliches Verhalten zu zeigen und erwartet dafür keine Gegenleistung. Möchte man seinem Gegenüber dennoch etwas zukommen lassen, dann muss man dies in einem verschlossenen Briefumschlag überreichen um seine Leistung zu würdigen.

Nach dem Essen

Ist man mit dem Essen fertig, werden alle Deckel und Schalen wieder in ihren ursprünglichen Zustand zurückversetzt. Man faltet die Hände wieder als Zeichen seines Dankes.

Die Rechnung

Eine Rechnung wird in Japan nicht am Tisch bezahlt. Dafür gibt es einen Kassenbereich in der Nähe des Ausganges. Als Tourist bekommt man von dem dortigen Mitarbeiter die Summe häufig auf einem

Taschenrechner angezeigt, damit man weiß wie viel man zahlen muss.

Richtiges Verhalten und Benehmen in der Öffentlichkeit

Respekt in der U-Bahn

In Japan hat Höflichkeit und Respekt einen hohen Stellenwert. So ist es nicht weiter verwunderlich, dass in der U-Bahn von jüngeren Menschen immer den älteren Menschen ein Sitzplatz angeboten wird. Viele Sitze in der U-Bahn sind sogar farblich gekennzeichnet, was signalisieren soll, dass sie für ältere Menschen reserviert worden sind. Alte Menschen genießen in Japan einen hohen Respekt aufgrund Ihrer Lebenserfahrung.

Nase putzen

In Japan ist es nicht gerne gesehen, wenn man sich seine Nase in der Öffentlichkeit putzt. Entweder verlässt man hierfür dann den Raum oder man zieht die Nase einfach nach oben. Hierfür würde man in Deutschland die Kinder ausschimpfen, aber in Japan drückt man damit sogar noch aus, dass man alles bestens im Griff hat. Der Wert der Gesundheit ist ein hohes Gut in Japan. Krank zu sein, wird ungern offen gezeigt.

Küsschen geben

Man muss bedenken, dass es in Japan zum guten Ton gehört sein Gesicht immerzu an jedem Ort zu wahren. Japaner neigen nicht dazu ihre Zärtlichkeit in der Öffentlichkeit auszutauschen. So mag man es auch nicht besonders, wenn ein verliebtes ausländisches Pärchen sich ständig dazu veranlasst sieht, ein Küsschen auszutauschen. Man sollte dies auf die eigenen Räumlichkeiten im Hotel beschränken, wenn man nicht unangenehm auffallen möchte.

Raucher aufgepasst

In Japan wird nicht öffentlich geraucht, auch auf der Straße nicht. Hierfür gibt es spezielle Raucherzonen auf die man ausweichen muss, wenn man nicht auf das Nikotinerzeugnis verzichten kann. Es gibt auch sehr viele Nichtraucherzonen die beschildert sind und die man unbedingt zu beachten hat. Bei

Nichtbeachtung von Nichtraucherzonen kann eine empfindlich hohe Strafe drohen.

Essen in der Öffentlichkeit

Es ist nicht gerne gesehen, wenn man auf der Straße im Gehen ist. Wer Speisen möchte, sollte sich an einem angemessen Ort zurückziehen, oder dies im Hotel oder Restaurant machen. In den großen Metropolen, wird diese Regel nicht so ernst genommen. Allerdings kann man sich in den ländlichen Gebieten einige böse Blicke bei Nichtbeachtung einfangen.

Wenn man sich ärgert…

Sollte man aus irgendeinem Grund Ärger verspüren, so gilt es in Japan in der Öffentlichkeit immer sein Gesicht zu wahren. Hat man den Flug verpasst? Oder ist kein Hotel mehr frei? Hier ist kein lauter Wutausbruch angebracht und kein wildes Gestikulieren mit den Händen. Japaner mögen es gar nicht wenn Hände sprechen. Versuchen Sie daher wenn möglich ihren Ärger nicht in der Öffentlichkeit Ausdruck zu verleihen.

Handynutzung

In Europa ist es kaum mehr wegzudenken, dass Menschen auf offener Straße, im Restaurant oder auch im Supermarkt telefonieren. Wer sich in Japan aufhält, sollte dies vermeiden. Hier möchte niemand andere durch seinen eigenen Lärm belästigen. Sollte man dennoch einen

Anruf bekommen, dann sollte man es so handhaben wie es in Japan üblich ist. Man nimmt das Gespräch entgegen, hält aber beim Sprechen die Hand vor den eigenen Mund und spricht sehr leise. Am besten wimmelt man den Anrufer ab und verspricht später zurückzurufen, wenn man alleine ist.

Allgemeine Verhaltensregeln

Das Wort Nein

Ein sehr interessantes Phänomen in Japan ist es, dass das Wort Nein vermieden wird. Das Wort existiert zwar in der Sprache selbst, doch die Japaner sagen es nicht direkt. Ein Japaner wird auf eine Frage immer mit einem Ja antworten. Sollte er aus irgendeinem Grund dennoch die Anfrage nicht erfüllen können, folgt ein „aber“.

Ein Beispiel wäre die Frage: „Möchtest du mit mir essen gehen?“

Die Antwort wäre in diesem Fall: „Ja, aber heute kann ich nicht.“

Es wird als unhöflich angesehen, seinem Gegenüber mit einem Nein zu begegnen.

Pünktlichkeit

Unpünktlichkeit ist ein Tabu in Japan. Man darf aus Respekt nie zu spät kommen, sondern es ist besser einige Minuten früher zu kommen. Pünktlichkeit ist besonders bei Geschäftstreffen unerlässlich.

Mit dem Finger auf Leute zeigen

Wer auf jemanden deuten möchte, der sollte in Japan darauf achten, dass er dies mit der ganzen Hand macht und nicht mit einem einzelnen Finger. Wenn man auf sich selbst hinweisen möchte, dann deutet man auf die eigene Nase.

Jemanden zu sich winken

Möchte man jemanden mit einer Geste zuwinken, dann ist es gewünscht dass die Handfläche hierbei nach unten zeigt. Die Japaner winken nur Tiere zu sich, wenn sie sich Handfläche nach oben zeigen.

Der Wert der eigenen Kleidung

Wer sich in Japan aufhält, der sollte stets darauf achten, dass seine Kleidung immer tadellos und sauber ist. Hier werden Menschen sehr wohl nach ihrem Äußeren beurteilt und nur dann ernst genommen, wenn sie entsprechend aussehen. Ganz wichtig ist, dass man seinen eigenen Socken viel Aufmerksamkeit schenkt, da man in Japan zu vielen Gelegenheiten die Schuhe ausziehen muss.

Bring stets ein Geschenk mit

In Japan ist es üblich, sich zu vielen Gelegenheiten etwas zu schenken. Das gilt vor allem dann, wenn man eine Einladung erhält. Hierbei wird man aber einen großen Unterschied zu den deutschen Gewohnheiten feststellen dürfen. Das Geschenk darf nicht so teuer sein, das es den Beschenkten in Verlegenheit bringen würde. Dennoch ist der Markenname des Produktes sehr wichtig und der gute Ruf. Ebenso ist darauf zu achten, dass das Geschenk perfekt verpackt worden ist. Am besten lässt man es sich direkt im Geschäft nach dem Kaufen einpacken. Man darf sich nicht wundern, dass die Japaner das Geschenk entgegen nehmen werden, ohne es zu öffnen. Dies wird nicht gemacht um Überraschung oder gar Enttäuschung zu zeigen, stattdessen wahrt jeder sein Gesicht wenn das Geschenk später alleine ausgepackt werden wird.

Keine Witze über den Tenno

In Japan gilt der Tenno als höchste Instanz die man sich vorstellen kann. Früher war der Kaiser offiziell göttlicher Abstammung, was sich auch auf die heutigen Herrscher übertragen lässt. Die Japaner mögen es gar nicht, wenn man über diesen negativ spricht oder gar noch Witze über ihn macht.

Achtung Fettnäpfchen

Beim Essen

👍☺

- Speisen auch wenn man sie nicht kennt, in jedem Fall probieren

- die Suppe laut schlürfen
- kleine Schüsseln immer mit der Hand anheben
- Suppe nicht löffeln, sondern trinken

- Essstäbchen senkrecht in den Reis stecken
- Teller oder Schüsseln mit den Stäbchen zu sich ziehen
- mit den Stäbchen auf etwas zeigen
- Rülpsen
- Trinkgeld geben
- Nase schnäuzen bei Tisch

Beim Trinken

👍☺

- bei einer Rede (auch wenn man kein einziges Wort versteht) aufmerksam lauschen
- seinem Sitznachbarn immer das Glas füllen, wenn dieses leer sein sollte
- Oft wird gerade in Japan mit Bier angestoßen. Selbst wenn man keinen Alkohol trinkt, nimmt man das Glas entgegen. Dann bestellt man sich einfach ein anderes Getränk und lässt das Bier stehen.

- einfach auf einen Platz setzen (diese werden zugewiesen)
- sich selbst einschenken
- vor dem Anstoßen trinken

Beim Besuch einer Wohnung in Japan

- Schuhe nach dem Ausziehen ordentlich neben die Tür stellen, mit der Spitze zur Tür ausgerichtet
- die Gästeschlappen anziehen
- Geschenke immer mit beiden Händen am Eingangsbereich übergeben

✋ ☹

- in Schuhen eine Wohnung betreten
- Zimmer mit Reismatten mit Schlappen betreten, hier sind nur Socken erlaubt
- sich einfach irgendwohin setzen
- mit den Toilettenschuhen durch die Wohnung laufen

Beim Reisen im Zug

👍 ☺

- immer auf seinem Platz sitzenbleiben
- In der Warteschlange warten
- Geduld zeigen

- Rucksäcke vor sich her tragen um niemanden zu stören

👍☺

- Essen im Zug
- den ganzen Zug mit dem eigenen Klingelton oder gar Telefonieren stören
- mit Gepäckstücken Sitze blockieren

Im Schwimmbad

👍☺

- sich vorher gründlich waschen
- Tattoos mit einem Pflaster bekleben, damit sie sich nicht sichtbar sind

- sich immer gut abtrocknen, bevor man die Umkleide betritt

✋ ☹

- ungewaschen in ein Becken steigen
- Seife mit ins Wasser nehmen um sich zu waschen
- im Becken planschen

Spezielle Themen

Mit Kindern in Japan unterwegs

Gerade wenn Sie sich entschließen sollten, ihre Japanreise mit einem Kleinkind anzutreten, gibt es einige Aspekte die man im Vorfeld wissen sollte um diese beachten zu können. Da Japan mit zu den sichersten

Ländern gehört, eignet es sich hervorragend um einen Familienurlaub planen zu können.

Bei den Flugpreisen sollte man die Angebote der verschiedenen Airlines in Ruhe miteinander vergleichen um für sich selbst die günstigste Variante herausfinden zu können. Hier kann es bereits zu deutlichen Unterschieden zwischen den verschiedenen Anbietern kommen.

Wer sich dazu entscheidet eine Japanreise mit einem Kleinkind zu unternehmen, sollte darauf verzichten seinen Kinderwagen mitzunehmen. Was in Europa deutlich bequem ist, wird in Japan zu einem echten Problem. Gerade in den Großstädten ist es dermaßen überfüllt, dass man mit einem Kinderwagen nur schwer irgendwo durchkommen kann. Vor den

Sehenswürdigkeiten besteht dann das Problem, dass dort oft nur Schotterwege zu finden sind, die man auch nur schwierig mit einem Kinderwagen passieren kann. Selbst die Züge sind oft überfüllt um einen Kinderwagen unterbringen zu können. Dies ist ein Grund dafür, dass die Japanerinnen oftmals Tragegurte für ihren Nachwuchs verwenden um ihn transportieren zu können. In größeren Einrichtungen wie Museen und Zoos kann man sich in den meisten Fällen dann einen Kinderwagen ausleihen, damit der Besuch dann dort doch noch angenehmer für alle Beteiligten werden kann.

Reisen mit Kindern in lokalen Zügen

In der Regel brauchen Kinder unter einem Alter von 6 Jahren keine eigene Fahrkarte, wenn sie in den Zügen mitgenommen werden. Hier wird aber auch vorausgesetzt, dass man die Kinder auf den eigenen Schoss nimmt und dass sie somit keinen eigenen Sitzplatz beanspruchen müssen. Kinder im Alter von 6-12 Jahren zahlen den halben Preis. Informieren Sie sich am besten direkt vor Ort noch einmal über die genauen Preisbestimmungen des Verkehrsanbieters die meistens auch in Englisch übersetzt sind, so bleiben Ihnen unangenehme Überraschungen erspart.

Kinder im Taxi

Taxis in Japan sind ausgesprochen teuer. Es gilt auch zu bedenken, dass viele Taxiunternehmen nicht über Kindersitze verfügen, ohne welche die Kinder dann auch gar nicht erst mitfahren dürfen.

Kinder im Hotel

In den Hotels in Japan wird in der Regel pro Person abgerechnet. Bei Kindern muss man ab 12 Jahren auch den vollen Preis bezahlen, wohingegen jüngere Kinder oft gar nicht berechnet werden.

Stillen in der Öffentlichkeit

Obwohl das Stillen in der Öffentlichkeit in Japan nicht verboten ist, führt man es nicht durch. In den Bahnhöfen und auch in den größeren Kaufhäusern findet man hierfür spezielle Stillräume vor, in welche man sich zurückziehen kann. Meistens sind diese in derselben Etage wie die Kinderabteilung zu finden.

Essen in der Öffentlichkeit

Es ist erlaubt, dass man seinem Kind auch im Zug die Flasche geben darf. Kekse und feste Nahrungsmittel sind wie bei den Erwachsenen nicht gestattet.

Die japanische Tee- Zeremonie

Tee hat in Japan eine lange Geschichte und es ist nicht weiter verwunderlich, dass man dort auch eine spezielle Teezeremonie vorfindet. Gerade Touristen ist diese oft fremd, da Tee in Europa einen ganz anderen Stellenwert hat als es in Japan der Fall ist. Umso wichtiger, dass wir an dieser Stelle einmal auf diese wichtige Tradition eingehen.

Wer an einer Teezeremonie teilnehmen möchte, sollte einige Informationen darüber bereits im Vorfeld wissen, so bleiben einem unangenehme Überraschungen erspart.

Es ist nicht unüblich, dass eine Teezeremonie oftmals mehrere Stunden dauert. Denn sie wird mit aufwendigen Kaiseki Gerichten (streng vegetarische Küche) gestartet, erst danach wird einem der grüne, dicke Matcha-Tee serviert. Am Ende der Zeremonie gibt es dann noch einen grünen Tee der deutlich dünner ist. Für Touristen werden an vielen Orten auch Teezeremonien angeboten, die deutlich kürzer ausfallen. Hierbei wird dann nur grüner Tee mit einer Süßigkeit angeboten und die Prozedur dauert dann nur wenige Minuten.

Wer an einen Tee Zeremonie teilnehmen möchte, der sollte zuerst darauf achten, dass die eigene Kleidung angemessen ist. Auf grelle und bunte Farben sollte verzichtet werden. Auch zu starkes Deo wird als störend empfunden. Hintergrund dieser Regeln ist, dass die komplette Aufmerksamkeit des Teilnehmers mit allen seinen Körpersinnen auf dem Tee liegen soll.

Die eigentliche Zeremonie findet im Garten statt. An einigen Orten gibt es auch spezielle Teehäuser ohne einen echten Garten. Vor dem Eingang findet man eine Waschstelle vor, an der man sich die Hände waschen kann.

Vor dem Betreten des Teehauses müssen die Schuhe ausgezogen werden. Meistens findet die Zeremonie in einem Raum statt, welcher mit Reismatten ausgelegt worden ist. Am Eingang ist es üblich sich leicht zu verneigen um die eigene Demut auszudrücken. Dann setzt man sich auf die Seite Richtung Wand, welche ihnen der Gastgeber zuweisen wird. Man kann sich hinknien oder im Schneidersitz Platz nehmen.

Der Gastgeber wird damit beginnen den Tee zu zubereiten. Dann serviert er seinen Gästen den Tee und eine Süßigkeit, welche man im Vorfeld essen soll. Bevor die Schale mit dem Tee zum Mund geführt wird, sollte wieder eine leichte Verbeugung angedeutet werden. Dann legt man die linke und die rechte Hand an die Schale. Sie sollten die Schale zwei Mal im Uhrzeigersinn drehen, so dass sie eine Drehung um 180 Grad ergibt und die Teeschale dann in drei Schlucken leeren. Danach wird die Schale wieder zwei Mal gegen den Uhrzeigersinn gedreht. Sie stellen sie ab und deuten wieder eine Verbeugung an. Wenn alle Gäste getrunken haben, wird der Gastgeber nachfragen ob noch jemand einen Tee haben möchte. Verneinen dass alle

Beteiligten, beginnt eine Unterhaltung über die Hintergründe und Geschichte zum Tee.

Regeln für den Besuch in einem Schrein

Wenn Sie sich Japan aufhalten, dann werden Sie sicherlich einen Schrein besuchen wollen. Dafür gibt es ein paar Grundregeln, denn ein Schrein Besuch hat etwas andere Regeln als es bei einem Kirchenbesuch in europäischen Ländern der Fall ist. Beachten Sie, dass man einige Besonderheiten vor einem Schrein-Besuch beachten sollte.

Vor dem Schrein findet man in der Regel zwei Statuen vor, die zwei große Hunde darstellen, einer auf der linken und einer auf der rechten Seite neben dem Schrein.

Man nennt diese Hunde Komainu. Sie dienen dazu, böse Geister fernzuhalten und das Böse abzuschrecken. Eine der Statuen hat einen offenen Mund, was den Anfang darstellen soll und die andere einen geschlossenen Mund, was für das Ende steht.

Kommen Sie nun an das große Eingangstor des Schreins ist eine Verbeugung angebracht. Das Tor wird immer auf der linken oder rechten Seite durchlaufen, man geht nicht einfach durch die Mitte durch.

Vor dem eigentlichen Schrein findet man eine Waschstelle vor, an der man sich reinigen sollte. Denn immerhin begegnet man nach der Tradition der

Japaner jetzt den Göttern und sollte diesen angemessen gegenüber treten.

Selbst für das Waschen gibt es Regeln, die beachtet werden sollten. Zunächst wird die linke Hand gewaschen und dann die Rechte. Anschließend füllt man sich Wasser in die linke Hand und wäscht damit seinen Mund aus. Nun wird die linke Hand wieder gewaschen und die Kelle für das Wasser gereinigt. Die Kelle sollte nicht mit den Lippen berührt werden.

Erst danach gehen Sie zum Hauptschrein. Am Eingang findet man dort eine Truhe vor, in die man ein 5 Yen Stück werfen kann. Während des Gebetes besteht die Möglichkeit, wenn vorhanden die Glocke zwei- bis dreimal zu läuten um die Aufmerksamkeit der Götter damit auf sich zu lenken. Anschließend trägt man den Göttern still seinen Wunsch vor und verbeugt sich ein weiteres Mal.

Bei einigen Schreinen können Sie auch Holztafeln kaufen. Auf diesen kann man seinen Wunsch für die Götter notieren. Entweder lässt man dann die Tafel am Schrein oder man nimmt sie mit nach Hause.

Oftmals kann man direkt am Schrein auch bunt verzierte Beutelchen kaufen, die als Talismane gelten und die einen vor Unheil schützen sollen.

Japanische Feste und Feierlichkeiten

In Japan werden gerne Feste gefeiert. Da es hierbei bis zu 300.000 verschiedene Festivals gibt, kann auch für Sie als Reisenden die Chance bestehen an einem teilnehmen zu können.

Nahezu jeder Schrein in Japan veranstaltet sein eigenes Fest. Dieses soll zu Ehren der Götter ausgetragen werden. Meistens findet dabei eine Parade statt, bei welcher die Mitwirkenden dann bunte Kostüme tragen und tanzend durch die Straßen ziehen.

Die Schreine werden durch die Straßen getragen, damit die Gottheit von einem Platz zu einem anderen ziehen kann. Dabei befinden sich die

Schreine in einer Sänfte, welche gerne auch als Göttersänfte bezeichnet wird. Die Parade selbst beinhaltet nicht nur die Tänzer, sondern auch Trommler und Flötisten begleiten das Ganze was das Ganze zu einem echten Spektakel macht. Möchte man als Urlauber sich die Parade anschauen, so sollte man sich einfach nur an den Wegrand stellen, wie es auch die Einheimischen hier handhaben. Bei einigen Paraden gibt es sogar Darbietungen mit Feuer oder auch mit Laternen.

Gleichzeitig findet man bei allen Festen auch Stände mit Essen vor, die einem die Gelegenheit bieten die regionalen Spezialitäten probieren zu können. Da die Japanischen Feste und Feierlichkeiten, das ganze Jahr über im ganzen Land zu unterschiedlichen Zeiten stattfinden, lohnt sich vor Ihrer Reise nach Japan in jedem Fall eine ausgiebige Recherche im Internet um keines der beliebten Feierlichkeiten zu verpassen.

Schlusswort

Auf den ersten Blick mag es einem erscheinen, dass ein Japanbesuch unendlich kompliziert ist. Immerhin gibt es hier viele Regeln und Besonderheiten die man beachten sollte und Fettnäpfchen die es unbedingt zu vermeiden gilt.

Dennoch sollten sie sich nicht davor scheuen eine Reise nach Japan zu wagen. Japan hat viele schöne Dinge zu bieten und es kann sehr interessant sein, das Land zu bereisen, welches zudem auch noch sehr sicher ist.

Wer sich diesen Ratgeber aufmerksam durchgelesen hat, der kann sich sicherlich das ein oder andere sofort merken. Wer sich dennoch unsicher ist, kann den Knigge-Ratgeber auch einfach mit auf Reisen nehmen und bei Bedarf noch einmal die Besonderheiten zu den einzelnen Situationen nachlesen um auf der sicheren Seite zu sein.

Das eine oder andere mag einem vielleicht kurios erscheinen, doch man sollte seinen Gastgebern mit Respekt begegnen und sich darum bemühen ihre Regeln einfach zu berücksichtigen. Wer diese beherrscht kann hier positiv auffallen und das Wohlwollen seiner Gastgeber erlangen.

1. Auflage 2019

Cover: @Les (fiverr.com)

Bild: depositphotos.com

Lektorat: Sophia Schubert

Hrsg.: Patrick Buttler, Rennweg15, 90489 Nürnberg

Printed in Germany
by Amazon Distribution
GmbH, Leipzig

33212983R00036